Pulsos da Terra

NONSUCH MEDIA PTE. LTD.
SINGAPURA

ISBN: 979-8-89214-061-4

Primeira edição publicada em 2023

Título: Pulsos da Terra
Autora: Tamara Villaverde
Editore: A. Lee
Design de Capa: Álvaro Oliveira para Nonsuch Media Pte. Ltd.
Execução Gráfica: Álvaro Oliveira para Nonsuch Media Pte. Ltd.

info@nonsuchmedia.com | nonsuchmedia.com

Índice

Índice

A Selva é como uma Fortaleza

Selva enigmática
Quadro de magnificência pura
Possança inimitável.

Poder imperturbável
Natureza indubitável
Espírito consagrado.

Muitos seres
Vivendo em comunhão
Honrando a vida.

Vigor perseverante e vigoroso
Abrigo da mãe natureza
Bem-aventurança.

Os Búfalos Robustos

Colossais búfalos selvagens,
Caminhando em magote pela savana,
Suntuosos e fortes.

Felpudos e majestosos,
O adorável da criação,
Sempre joviais em associação.

O brilho dos seus olhos,
Um conto ancestral contado,
Rei da savana a mover-se.

Sublimidade muda,
Potência e bravura a correr,
Búfalo corajoso e desprendido.

O Reino dos Leões

No grande reino dos leões
Bramindo elevado e soberba
Intrepidez a todos dá.

Lá no imenso reino dos leões
O rugido é alto e sumptuoso
Oferecendo orgulho e ânimo.

A energia dos seus dentes cortantes
São encarregues por sua glória
E dão-lhe a ousadia indispensável.

À volta do seu reino belo
Sua comparência cativa e seduz
E lhes dá a força de resistir.

O Pensamento dos Elefantes

Elefante pomposo,
Percorrendo pelo céu azul,
Delineando nuvens.

Elefante descomunal,
Descascando o mundo completo,
Caminhando em paz.

Conservando a euritmia,
Caminhada que segue o universo,
Em busca de compreensão.

Elefantes selvagens,
Cuidando das suas crias,
Unidos em família.

O Arcano do Deserto

No deserto seco e quente
Desocupado e calado aqui
Uma aragem sopra ligeira.

No deserto acinzentado e amplo
Uma terra escura e sem vida
Esta quentura ardente.

O esplendor supremo no céu, cintila
Uma luz intensa que incendcia tudo
Nenhum vestígio de água.

Neste deserto desamparado
Fadiga e fome imperam aqui
Aguardando por alívio.

Os Esbeltos Camelos

Camelos com movimento,
Pelas areias infatigáveis,
O deserto resplandece.

Estanque de água salgada,
Arrefecendo o calor tirano,
Queima em seu trilho.

Porte elegante e olhar plácido,
Com suas particularidades emotivas,
Um elegante animal.

Sua pele duradoura,
Fazendo-os adequar a dureza,
Do solo e ambiente extremos.

Os Catos Aproximados

Uma auréola de chama
A zelar o deserto
Nos seu portão de catos.

Nas dunas estéreis
Um refúgio de verde crepitado
Estranha beleza.

Catos espinhosos
Protegem o deserto tranquilo
Verdes e resistentes.

Deserto de luz viva
Um cato vigiando a porta
Aragens sufocantes.

A Mestria das Pirâmides

Pirâmide de pedra,
Monumental e mística,
Divulgando a história.

Silêncio penetrante ali,
Perene e sagrado repouso,
Repousando desde então.

Estrutura grandiosa,
Guardando segredos milenares,
Sonhos de antigos reis.

Muralhas misteriosas,
Encobrindo fortunas rachadas,
A luz do arcaico.

A Quinta Buliçosa

No quintal brotam
Euforia, agitação e presença
Bem-estar constante.

O aspeto do quintal
Reflete ao nosso redor
Regalo e coerência.

Todos somos bem-vindos
Conectar-se com a Natureza
Gratidão e reconhecimento.

Agora, em agitação aqui
Inspire pureza e sinta o corpo
Celebre o seu quintal.

O Celeiro Barulhento

Celeiro de madeira
Ocultando o campo de colheita
Neblinas da alvorada.

Construção antiga, mas firme
Serpenteando os suspensos telhados
Refúgio reparador.

Celeiro de tijolos
Protegendo segredos obsoletos
Ressonância das planícies.

As Galinhas Douradas

Galinhas douradas,
Vejam suas perninhas frágeis
Ria e relaxe.

O porte das galinhas
Inspira ligeireza e calma
Equilíbrio com recreação.

Deixe a tensão se ir
Abra asas e estire as pernas
E reforneça a energia.

Bem-estar interno,
Inspire leveza e satisfação
Ondas de tranquilidade.

A Fibra da Manada

Vacas pelo campo vão
Pastando na verde ervagem,
Silêncio e quietude.

O sol brilha no firmamento,
A manada de vacas pasta,
No verde campo desimpedido.

O som das sinetas,
Alegres oscilam ao vento,
Panorama rural.

Existindo em liberdade,
Um templo de paz
Essência bendita.

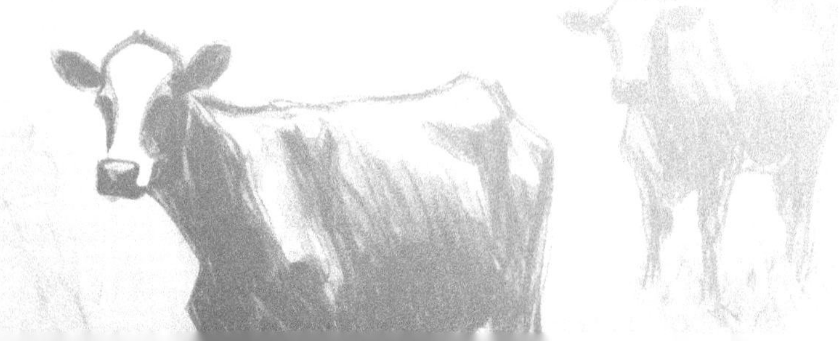

Os Porcos Sorridentes

Vida de porco é deleitável,
Dentro do campo livre,
Agras e quintas.

Sopro da manhã entoa,
Entoando flores no ambiente,
Para os ouvidos deles.

Escuridão com lua cheia,
Esboçando sombras perfeitas,
Com um ronquido suave.

O sol quente que rebenta,
Gerando mais luz alegre,
Para os dedicados porcos.

O Rebanho Aveludado

O rebanho é belo
Da planura com flores selvagens
Assinalando a primavera.

O rebanho é espirituoso,
Talhando a erva fresca e aveludada;
Auferindo na campina.

Patas brancas para bailar,
Pelagem neve reluzindo a lua;
Vento soprando indolências.

No verão, cálido sol;
O rebanho pastando, quietos;
Frescura de manhã cedo.

A Fragância das Alfazemas

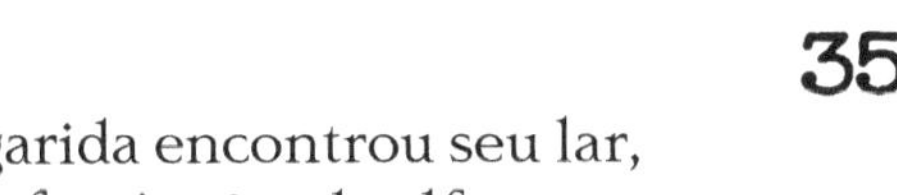

Margarida encontrou seu lar,
Entre fragâncias de alfazemas.
A brisa murmura.

Odorífica a flor,
Rosa e violeta semeadas aqui.
Coração em festejo.

Verdes colinas além,
Azul imenso acima,
Fragância de alfazemas.

Cantarolando alegremente,
Passarinhos voam soltos no éter.
Natureza esplendorosa.

As Papoilas Indomesticadas

Papoilas indomesticadas,
Cores vivas e fortes,
Cenário mágico.

Puro repouso,
Vivendo no meio do verde,
Um cenário de contos.

Rios flutuáveis,
Caminhando entre as flores,
Vagas de poesia.

Campos entranhados,
As papoilas trauteiam em coro,
Alegria para o sol.

Os Girassóis Protegem

Girassóis protetores,
Brilhando elegantes no Sol,
Vida de cheia cor.

Girassóis abertos,
Ao Sol suavemente,
Vida de imenso esplendor.

Flores douradas,
Cintilando na brisa leve,
Vejo a proteção.

Pétalas de luzinha,
Mesmo quando triste é o dia,
Recordam a alegria.

A Casinha do Monte Dourada

Casa do monte dourada,
Reflete o calor afável da luz do sol,
Uma donzela espera.

Ela vai ao encontro,
Do pequenino desejo que foi contado,
As suas memórias.

A alegria da vida,
Se guarda no meio do campo de flores,
Um poema para sempre.

Cânticos dos pássaros,
Expõem as suas histórias escondidas,
Um lugar de calor.

Os Moinhos Giram

Moinhos de vento,
Movendo-se com o vento a soprar,
Melodiando sua cantiga.

Estranhas formas se movem,
Brandamente torneando o campo,
Tradições desaparecidas.

Brilhos pintados,
Uma poesia viva na aragem,
Uma dança ascendente.

Aproximando o feitiço,
Ondulações de baladas cuidam a alma,
Cantos dos moinhos que giram.

As Túlipas Coloridas

Túlipas coloridas,
Estupendamente radiosas,
Cores da primavera.

Verde brilhante e sedoso,
Seu perfume é como um verso,
Regozijo para os sentidos.

Flamingos coloridos,
As túlipas bailam à volta,
Sempre lindas.

O Poder do Vulcão

No monte elevado,
Vulcão com lava borbulha,
Vigor da natureza.

Labareda do céu brilha,
Aclarando o horizonte,
Tremendo dominador.

As fumarolas assobiam,
Serrando o ar com urro,
Todo temor se dilui.

Rugires e astros,
Mensagens do passado longínquo,
Vulcão de poder.

A Erupção Quente

Erupção ardente, conceção,
Calor na alma amplia;
Vida traz esperança.

Erupção dançante, essência,
Fulgor iluminando a escuridão;
Inspiração profunda.

Caldeirão de lavaredas, criação,
A luz e o calor presentes;
Uma força restauradora.

Língua de fogo celestial,
Trazendo renovações e vida;
Expectativa a todos alcança.

O Monte Entre as Nuvens

O Monte entre as nuvens
Seu cume alto e pacato
Um lugar de beleza singular.

Para sempre na história
Rei das montanhas no Universo
Um encanto que nunca se vai.

Este pico consagrado
Cintilando como prata na luz
Refletindo sua glória.

Proferindo a seu obséquio
A poesia de um haiku
Inspiração imortal.

Os Meandros do Vale Sagrado

No Vale Sagrado sagas,
Verdades e lendas perpétuas,
Terra sagrada.

No Vale Sagrado, antigos segredos
Vivem em histórias bem recônditos.
Uma terra de grande paz.

Todas as crenças adoradas,
Os montes homenageados e as águas
sagradas
Aqui são reverenciadas.

Vale Sagrado, meandros puros
Visitas renderam dignidade e
venerabilidade,
Espíritos se unificaram aqui.

A Curva Esbelta e os Socalcos

Corpo esbelto criação,
Gracioso em movimento;
Nobreza exaltada.

Curva sedutora, essência,
Formas perfeitas olham socalcos;
Genuinidade encantadora.

Ritmo convulsivo, criação,
Dança na luz da escuridão;
Conduz a todos.

Movimentos espirituosos, essência,
Flexível em cores e cadência;
Sedução do bailarino.

As Palmeiras na Borda da Água

Palmeiras dobradas,
Ao lado da água tranquila,
Palmeiras em paz.

Verde do céu à imensidade,
Do sol à meia luz brilhando,
Estrelas de amanhecer.

Matas frondejantes e flores,
Música amena nas brisas,
Tudo em sintonia aqui.

Palmeiras no coração,
Saudade perpétua sustentada,
Relembrando nossos dias.

A Profundidade do Buraco Azul

O oceano se sacode,
Um vazio profundo e azul,
Essência em estado puro.

O oceano se abana,
Um segredo profundo e azul,
Um deleite da natureza.

Um começo no oceano,
Um buraco cheio de incógnitas,
Abstruso para sempre.

Rios límpidos,
Aberto para a vida selvagem,
Beleza imortal de luz cerúlea.

As Criações de Pedra

Pedras criadas,
Antigas e novas conceções,
Verdades inclusas.

As formas permutam
No mar e nos desfiladeiros,
Pedra é a lembrança.

Rocha das imensidades profundas,
Trazendo histórias envelhecidas,
Do passado encerrado.

Se move com o fluxo
Berço de vida e medrança,
Verdades divulgadas.

Corpo de feições brancas
Nublado e flutuando alto
Escultura espirituosa.

Suave e transparente
Caindo a partir do céu índigo
Construindo quimeras de inverno.

Nevasca no ar gelado
Curvando as árvores à meia-noite
Dança de puridade branca.

Revestindo o chão obscuro
O amor do sol jamais se fatiga
Amizade agradável da neve.

A Frondosidade das Florestas Tropicais

Cores vibrantes de verde
O sol se pondo no horizonte
Um lugar para me perder.

A variedade revive,
O som dos bichos ressoando,
Vida cheia em coerência.

Os pássaros voam alto,
Raízes profundas resistindo,
Frondosidade conservada.

As árvores se enlaçam,
Intocadas pela mão humana,
Densidade e ramagem do mundo.

Os Manguezais Honramos

Sob o céu azul
Manguezais desabrochados e verdes
Beleza honrada.

Céu luminoso e brilhante
Um manguezal luxuriante
Luz do sol à flor.

Ventos suaves como algodão
Alagado de rios cristalinos
Abastança da natureza.

O ruído das águas
Trazendo retidão e honradez
Na natureza descubro brio.

Os Baobás e seus Frutos Capsulares

Baobás com frutos
Verde verídico e meigo
Sombras calmantes.

Frutos capsulares
Da natureza selvagem mantida
Encontro de paz.

Estruturas altivas e retas
De troncos que se erguem ao éter
Flores brancas.

Folhas verdes e suaves
Acolhendo luz do sol áureo
Lugar de serenidade.

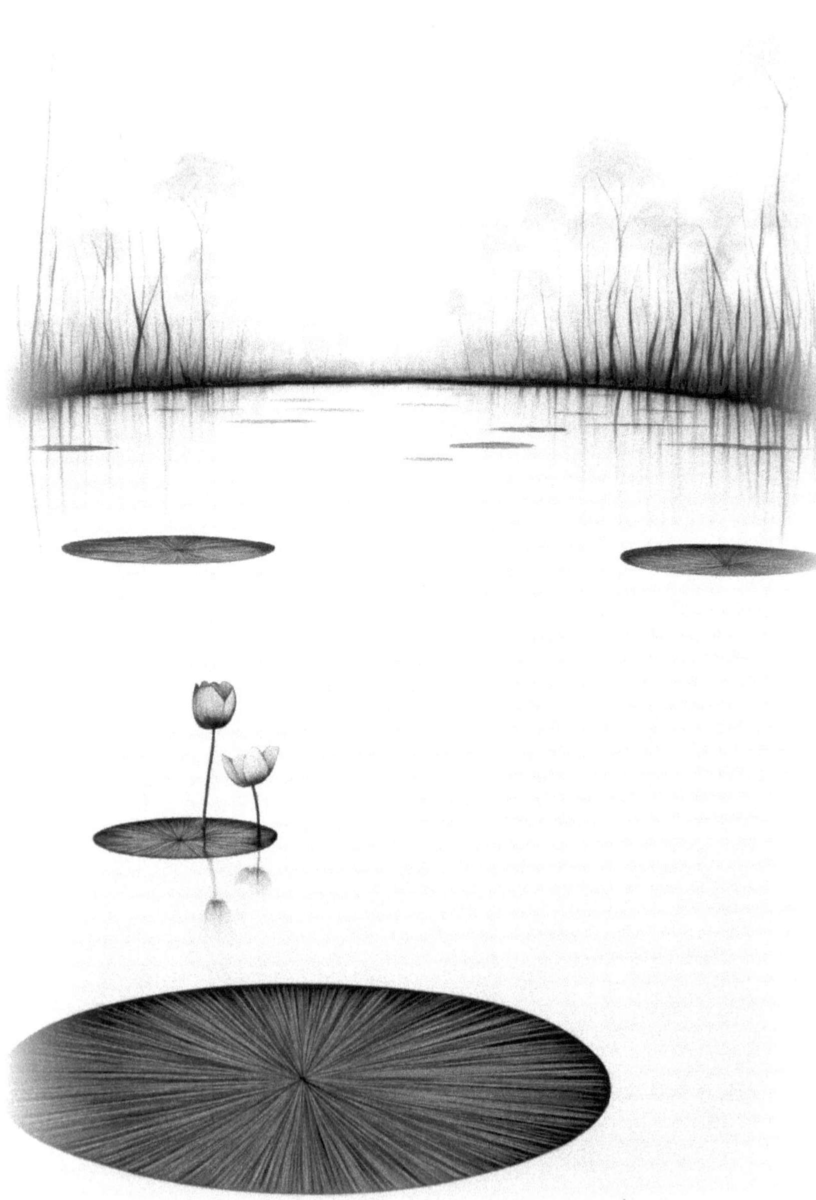

Os Nenúfares do Lago

Nenúfares brancos,
Dispersando sua magia pura,
Reflete o céu acima.

Oscilam na água calma,
Agitam no seu movimento impecável,
Querendo outra vida.

Adoçado sonho de floresta,
A sua beleza por todos os fragmentos,
Musas do lago.

Soalheira do sol poente,
Os nenúfares regamboleiam à volta,
Numa perfeita euritmia.

O Cardume Vigia

Cardume vigia,
Observando os seus movimentos
divertidos,
Rebentam na nascente.

Flamância turquesa,
Vagar pelas profundezas
marinhas,
Luz da vida abismal.

Olhos enormes e indiscretos,
Dourado reflete a sua magia,
Reavendo o olimpo.

Ondas de poesia,
A sua dança heroica do oceano,
Rodeando a alma.

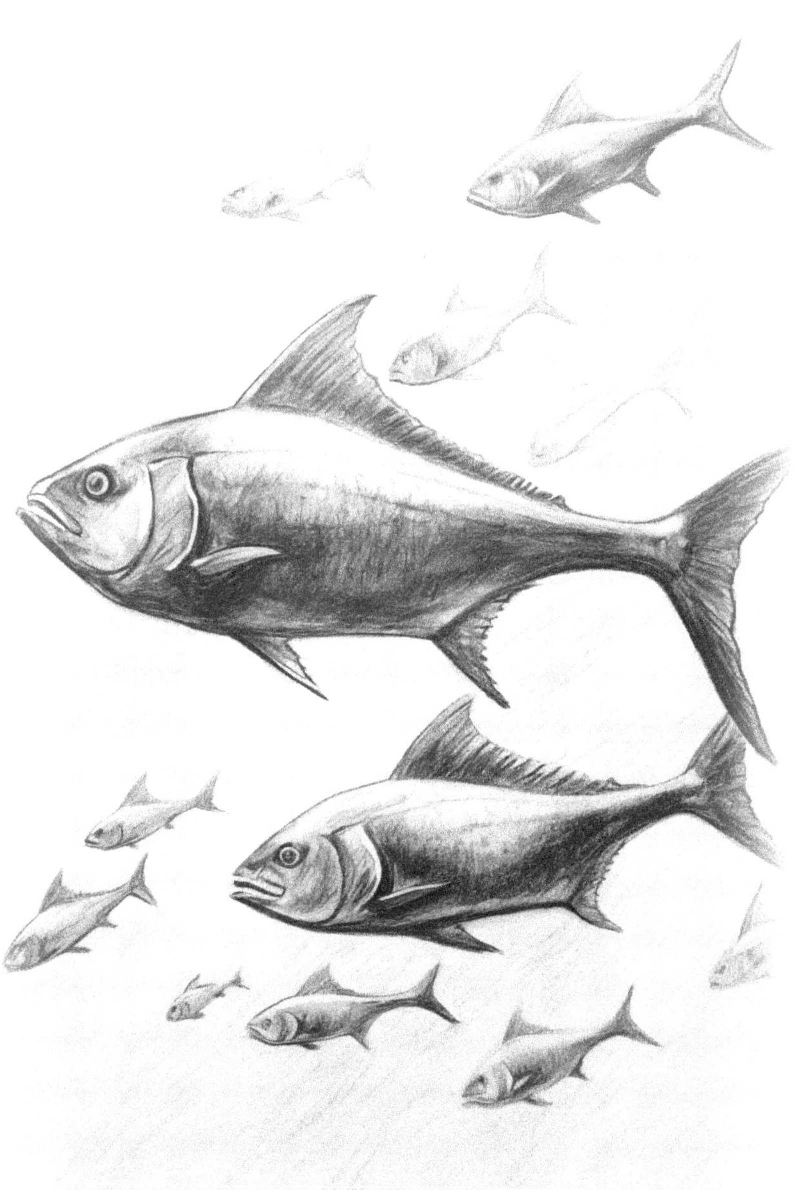

O Urso da Serra

Nos picos altos ele murmura
Um ursinho de pelo chocolate
O rei da serra.

Suas garras vigorosas e imensas
Um ursinho tão jovial
O rei das montanha.

Seus olhos são penetrantes e intensos
Ele imediatamente responde ao seu evocado
O supremo da serra.

Seu tamanho é enorme e aterrador
Ele tomará para obter comida
O soberano da montanha.

Obrigado!

www.ingramcontent.com/pod-product-compliance
Lightning Source LLC
Chambersburg PA
CBHW040104150726
48005CB00013B/1567